Lesehinweise

Dieses Buch enthält im Kern eine Auswahl verschiedener Rezepte, die bei Neurodermitis relativ gut von den Meisten konsumiert werden können. Auch wenn es eigentlich selbstverständlich ist, dennoch der Hinweis: Dieses Buch kann und darf ärztlichen Rat oder die Meinung des eigenen Ernährungsberaters nicht ersetzen. Das Buch kann nur eine Hilfestellung geben, um möglichst alltagstaugliche Rezeptideen zur Umsetzung einer bei Neurodermitis passenden Ernährung zu erhalten. Somit ist diese Rezeptsammlung im Wesentlichen eine Ergänzung professionellen Rates.

Im Buch wird davon ausgegangen, dass Betroffene mit „typischen" Neurodermitissymptomen zu kämpfen haben. Damit ist gemeint, dass nicht jeder Mensch gleich auf alle Zutaten reagiert. Wo der Eine vielleicht eine Handvoll Erdbeeren verträgt, kämpft der Andere nach dem Verzehr alsbald mit Hautrötungen. Somit sind die Rezepte nach den typischen Unverträglichkeiten bei Neurodermitis aufgesetzt.

Obwohl selbstverständlich der Rat eines Ernährungsberaters oder Arztes in jedem Fall maßgeblich sind, können dennoch einige „Faustregeln" aufgestellt werden. Diese zielen im Kern darauf ab, Nicht-Betroffenen beim Nachkochen eine kleine Hilfestellung zu geben – oder direkt Betroffenen als „Erinnerungshilfe" zu dienen.

Alle Zutaten sind in handelsüblichen Geschäften erhältlich. Einzelne Zutaten (wie z.B. Zuckerersatzstoffe) können im Drogeriemarkt bezogen werden. Der Einkauf in spezialisierten Bioläden (Alnatura und Co.) oder in Reformhaus oder Apotheke sind nicht zwingend nötig. Dennoch sei der Hinweis erlaubt, dass einzelne Zutaten nicht überall flächendeckend (z.B. in einem Dorf mit „nur" einem kleinen Supermarkt) erhältlich sind. Dieses „Problem" teilt die passende Ernährung bei Neurodermitis übrigens mit zahlreichen, anderen Ernährungsansätzen. Es wird gebeten, dies zu entschuldigen. Aufgrunddessen wurde im Buch Wert darauf gelegt, den Einsatz „exotischer" Zutaten auf das nötige Minimum zu reduzieren.

Ein kurzer Verträglichkeitsüberblick

Die folgenden Aussagen sind naturgemäß Verallgemeinerungen. Im Einzelfall bzw. im Zweifel sind Arzt oder Ernährungsberater zu konsultieren.

Wichtig: Wenn eine Zutat bei schlechte Verträglichkeit aufgelistet ist, heißt dies nicht unbedingt, dass darauf zu 100% verzichtet werden muss. So kann beispielsweise ein Spritzer Zitronensaft bei einer Speise durchaus in Ordnung sein – 3 EL hiervon jedoch eher wirklich nicht.

Die Zutaten auf der „schlechte Verträglichkeit"-Liste werden im Buch soweit möglich sparsam verwendet. Weiteres Beispiel: Person A hat herausgefunden, dass sie Tomaten gut verträgt und kann diese in ihren Speiseplan bedenkenlos aufnehmen. Person B hat erst „frisch" Neurodermitis und muss erst noch genau herausfinden, wo Unverträglichkeiten bestehen – und verzichtet im Zweifel erstmal auf Tomaten.

Getreide, Nudeln, Kartoffeln und Reis
- Meist gute Verträglichkeit: Hirse, Hafer, Dinkel, Buchweizen, Amarant, Quinoa, Reis, Dinkelnudeln (eifrei), Kartoffeln
- Meist schlechte Verträglichkeit: Weizen, Roggen, gezuckertes Müsli, Erdnussbutter, Schokobrotaufstriche, Hartweizennudeln, Sojaprodukte, Fast Food, Fertiggerichte (aufgrund zahlreicher Zusatzstoffe)

Snacks, Knabbereien und Süßigkeiten
- Meist gute Verträglichkeit (in Maßen): Reiswaffeln, Agavendicksaft, Ahornsirup, Honig, Zucker, Trockenfrüchte (ungezuckert)
- Meist schlechte Verträglichkeit: Süßwaren und Backwaren mit Zusatzstoffen (praktisch alle industriell hergestellten Produkte)

Obst
- Meist gute Verträglichkeit: Äpfel (süße Sorten), Heidelbeere, Mango, Wassermelone, Aprikose, vereinzelt auch Bananen und Birnen
- Meist schlechte Verträglichkeit: Johannisbeere, Kiwi, Pfirsich, Zitrusfrüchte, Stachelbeere, saure Obstsorten

Gemüse
- Meist gute Verträglichkeit: Zucchini, Spargel, Salatgurke, Rote Beete, Pilze, Mangold, Mais, Kürbis, Kartoffeln, Brokkoli, Kohl, Blattsalat
- Meist schlechte Verträglichkeit: scharfe Kräuter, Keime, Sprossen, Schnittlauch, eingelegtes Gemüse, Aubergine, Gemüsekonserven, Zwiebel, Tomate, Sojabohne, Sellerie, Sauerkraut, Rettich, Rhabarber, Möhre, Knoblauch, fertige Salatdressings auf Essig-Öl-Basis

Nüsse, Samen
- Meist gute Verträglichkeit: Kürbiskerne, Pinienkerne, Mandeln
- Meist schlechte Verträglichkeit: Walnüsse, Haselnüsse, Erdnüsse

Öle und Fette
- Meist gute Verträglichkeit: Olivenöl, Margarine (ohne Milch), Kokosfett (ungehärtet), kaltgepresst-unraffinierte Pflanzenöle
- Meist schlechte Verträglichkeit: Nussöle, Schweineschmalz, Süßrahmbutter

Getränke
- Meist gute Verträglichkeit: Apfelsaftschorle, Reis-Drinks, grüne Kräutertees (Melisse, Fenchel, Pfefferminze etc.), Wasser
- Meist schlechte Verträglichkeit: Limonaden aller Art, Alkohol, Kaffee, Schwarztee, Kakao, Softdrinks, Früchtetee, sonstige Kräuterteesorten

Fischprodukte und Meeresfrüchte
- Meist gute Verträglichkeit: keine
- Meist schlechte Verträglichkeit: alle (sprich: jede Zutat muss einzeln auf die individuelle Verträglichkeit getestet werden)

Fleisch, Wurstwaren
- Meist gute Verträglichkeit: Pute, Huhn, Rind, Lamm
- Meist schlechte Verträglichkeit: Schwein, scharf gewürzte Produkte, Wurstprodukte mit Zusatzstoffen

Milchprodukte, Käse, Eier
- Meist gute Verträglichkeit (in Maßen): Milch, Kuh-/Schaf-/Ziegenkäse, Kefir, Naturjoghurt
- Meist schlechte Verträglichkeit: Milchreis, Pudding, Fruchtjoghurt, Fruchtquark, Kakaogetränke, Schimmelkäse, Cheddar, Camembert, Brie, Parmesan, Hühnereier

FAQ

„Wie finde ich heraus, welche Rezepte ich aus dem Buch bedenkenlos nachkochen kann?"

In der Regel wird der Arzt oder Ernährungsberater Sie per Auslassdiät anhalten, potentielle Unverträglichkeiten zu identifizieren.

In der Praxis bedeutet dies (vereinfacht beschrieben): 1-2 Wochen alle möglicherweise unverträglichen Lebensmittel (siehe Liste oben und die Empfehlung ihres Arztes/Ernährungsberaters) gänzlich weglassen. Das Hautbild sollte sich (bei ernährungsbedingter Allergiereaktion) nun bessern. Anschließend können Sie bewusst EINZELNE Lebensmittel von der „verbotenen Liste" (z.B. die Tomate) in ihren täglichen Speiseplan für 1-2 Wochen einbauen. Verschlechtert sich das Hautbild nicht, können Sie die Zutat auf die Liste ihrer „gut verträglichen Lebensmittel" setzen.

„Ein Bekannter hat mir erzählt, dass man mit Kortisoncreme die Neurodermitis in den Griff bekommen kann. Stimmt das?"

Dieses Buch kann und darf keine abschließende medizinische Bewertung abgeben. Allgemein gesagt werden kann, das es zwar rezeptfreie Kortisonsalben am Markt gibt, doch ist deren Nutzung ohne ärztliche Rücksprache aufgrund zahlreicher, potentieller Nebenwirkungen nicht zu empfehlen. Zudem wird Kortison nachgesagt, bei regelmäßiger Einnahme die Neurodermitis zu verschlimmern.

„Gibt es Zutaten, die besonders häufig bei Neurodermitis zu allergischen Reaktionen führen können?"

Zuviele scharfe Gewürze, Eier, Fisch, Erdbeeren, Kiwis und auch Tomaten können die Neurodermitis befeuern. Das heißt: Selbst wenn Sie beispielsweise Tomaten gut vertragen, sollten Sie diese nur in Maßen konsumieren. Dasselbe gilt für die Gewürze. Generell sind Produkte mit Farb-, Aroma- und Konservierungsstoffen ebenfalls zu meiden. Meist ist dann nicht die eigentliche Hauptzutat der Auslöser, sondern ein Zusatzstoff.

„Wie sieht der typische Speiseplan an einem ganz normalen Tag aus?"

Beispielsweise: Morgens ein Müsli mit Obst und Joghurt (verträgliche Varianten natürlich). Mittags eine Fleischmahlzeit mit gedünstetem Gemüse und Kartoffelbeilage. Abends eine gute Suppe oder ein belegtes Dinkelbrot mit Salatbeilage.

„Was kann ich als Snack für die Arbeit oder unterwegs mitnehmen?"

Ein paar Äpfel oder Reiswaffeln sind immer gut. Trockenfrüchte (ohne zugesetzten Zucker) als Snack eignen sich ebenso.

„Ich muss mir schnell unterwegs was zu essen holen – Hungern ist keine Lösung. Was soll ich mir an Fast Food gönnen?"

Hier kann es nur um „weniger schlimm" und keinesfalls „bedenkenlos gut" gehen. Ein Hähnchenschenkel vom Grill oder Salat (Dressingzusätze beachten) ist halbwegs „ok".

„Ich bin seit Jahren Kettenraucher. Ich habe meine Ernährung schon umgestellt, dennoch wird meine Neurodermitis nicht besser. Was mache ich falsch?"

Die Neurodermitis kann ernährungsbedingte Ursachen haben bzw. durch eine falsche Ernährungsweise verschlimmert werden – dies muss jedoch keineswegs deren Hauptauslöser sein. Andere Umwelteinflüsse kommen ebenso in Betracht – z.B. das Rauchen.

„Ich habe einen Ratgeber gelesen, im Fernsehen eine Doku mit Tipps gesehen und mir nun dieses Buch dazugeholt. Sollte ich mit all den Ratschlägen meine Neurodermitis selbst therapieren und meine Ernährung umstellen?"

Nein. Eine Ernährungsumstellung muss immer mit dem Arzt oder Ernährungsberater abgesprochen werden. Hintergrund unter Anderem ist, dass beispielsweise dieses Buch nur allgemeingültige Aussagen treffen kann, welche keineswegs auf Ihre Lebenssituation passen müssen. Vielmehr ist der umgekehrte Weg besser: Zuerst zum Arzt oder Ernährungsberater gehen, danach mit passender Literatur und Büchern wie diesem zusätzliche Anregungen für die konkrete Umsetzung holen.

„Ich hätte da eine Frage zu meiner Neurodermitis. Ich habe seit Jahren X und habe schon Y versucht – sollte ich nun mit Z...?"

Bitte gehen Sie mit diesen Fragen zum Arzt oder entsprechend geschultem Ernährungsberater. Kein Buch, kein Internetforum, kein Geistheiler und kein „Hörensagen" kann und DARF Ihnen konkrete Ratschläge geben. Das Einzige was erlaubt ist, sind allgemeine Richtwerte (wie z.B. die Liste oben mit den Zutaten) oder Erfahrungswerte, wie es bei anderen war. Konkrete Aussagen dürfen aus haftungsrechtlichen und vorallem moralisch-ethischen Gründen (Stichwort: Falschbehandlung) nur Fachleute geben.

„aber Karlo62 hat mir in einem Forum gesagt, dass..."

Internet, Bücher und TV-Sendungen können durchaus Anregungen und Tipps geben. Im Zweifel bleibt jedoch die Meinung Ihres Arztes oder Ernährungsberaters maßgeblich. Schließlich stehen die für ihre Diagnose auch rechtlich ein, wenn Sie beispielsweise dadurch einen Schaden erleiden.

„...und Jemand anderes hat gemeint, dass bestimmte Nahrungsergänzungsmittel ebenfalls die Neurodermitis lindern können?"

Zumindest als ergänzende Maßnahme. Bei der Frage welche Produkte konkret (bzw. welche Wirkstoffe) für Sie geeignet sind, können Sie ihr Arzt oder Apotheker mit fundierten Ratschlägen beraten.

„In einem Gericht habe ich eine Zutat gefunden, die auf der „weniger verträglich"-Liste steht. Was gilt nun?"

In erster Linie die Aussage Ihres Arztes oder Ernährungsberaters. Zusätzlich macht oft die „Dosis das Gift." Beispiel: Eine Spur eines scharfen Gewürzes wird oft keine allergische Reaktion auslösen - eine hoffnungslos feurig-scharfe, großzügig gewürzte Mahlzeit hingegen eventuell schon. Im Zweifel die Zutat bzw. Mahlzeit weglassen, bis per Auslassdiät die Verträglichkeit geprüft wurde. Zudem stellt die Verträglichkeitsliste eine Vereinfachung dar. Theoretisch müsste man die Zutaten in viel mehr Kategorien abstufen (z.B. sehr gut verträglich, gut verträglich, in Maßen verträglich, meist schlecht verträglich, sehr unverträglich), aber dann würde die Übersichtlichkeit und Praktikabilität der Tabelle, welche ja nur ein Hilfsmittel sein soll, leiden.

„Sind die Nährwertangaben in den Rezepten pro Portion oder für die Gesamtspeise berechnet?"

Die Nährwerte beziehen sich auf die gesamte Mahlzeit. Wird somit das Rezept für 3 Portionen angegeben, beziehen sich die Nährwerte auf die 3 Portionen kombiniert. Die Nährwerte unterliegen dabei den natürlichen Schwankungen bei Lebensmitteln und sind gerundete Werte.

„Ich habe gar keine Neurodermitis, aber mein regelmäßiger Besuch/Verwandte/Partner hat welche. Ich möchte diesbezüglich ein Rezept aus diesem Buch nachkochen. Kann ich mir zu 100% sicher sein, dass dies für den Betroffenen dann passend ist?"

Dies kann Ihnen im Detail und Einzelfall nur der Betroffene selbst beantworten. Sind Rückfragen nicht möglich bzw. möchten Sie diese vermeiden (z.B. weil es eine Überraschung sein soll), können die Rezepte im Buch als grobe Richtschnur durchaus ihren Zweck erfüllen. Zumindest vermeiden Sie mit den Rezepten die „typischen, gröbsten Schnitzer" bezüglich der passenden Ernährung bei Neurodermitis. Mehr kann und sollte man von Ihnen als Laie auch gar nicht verlangen. Damit sind Sie de facto als Gastgeber vielen Mitmenschen diesbezüglich schon weit voraus.

Um es mit einem Beispiel aus einem anderen Ernährungsthema aufzuzeigen: Der sich Low-Carb-ernährende Besucher wird sich am Schnitzel mit großer Salatbeilage und viel Gemüse durchaus erfreuen, auch wenn das Paniermehl nicht „ideal" ist. In der Summe ist die Speise dennoch relativ Low-Carb bzw. torpediert die Ernährungsweise nicht. Beschwert sich der Besucher dann dennoch, muss eher an dessen Manieren gezweifelt werden. Anders hingegen sähe es bei einem Empfang mit einer großen Portion Spaghetti Bolognese aus. Dies wäre in der Tat auf keinen Fall Low-Carb-konform.

„Wenn es einen einzigen Ratschläge gäbe, der bezüglich der Ernährung bei Neurodermitis gegeben werden kann – was wäre dieser?"

Wahrscheinlich wäre dies der komplette Verzicht auf Fertigprodukte jeglicher Art. Die enthaltenen Aroma-, Farb- und Zusatzstoffe können selbst aus vermeintlich „guten" Zutaten schnell eine allergieauslösende Angelegenheit machen. Folgt man diesem Credo, vermeidet man zusätzlich automatisch auch viele unpassende Essmöglichkeiten außer Haus (z.B. Fast Food).

„Ich trinke für mein Leben gern mein Feierabendbier/ein Glas Rotwein am Abend. Mein Arzt meint, dass dies meiner Neurodermitis nicht gut tut. Reicht es, wenn ich einfach seine Ernährungsratschläge umsetze und beim Bier/Wein bleibe?"

Vielleicht wird es trotz Bier und Wein besser – vielleicht auch nicht. Jedenfalls wird es definitiv nicht so gut, wie es werden KÖNNTE.

„Gut, ich kann auf den regelmäßigen Verzehr von Alkohol verzichten. Wie sieht es mit einem gelegentlichen Glas bei einer Familienfeier aus?"

Das Glas Rotwein an Weihnachten im trauten Familienkreise wird in der Summe zwar wohl wenig Schaden anrichten, aber hier kann keine allgemeingültige Aussage getroffen werden. Es ist zwar wahr, dass bei vielen Menschen der gelegentliche Konsum von Alkohol meist in Bezug auf die Neurodermitis relativ folgenlos ist – aber eben nicht bei allen. Hier hilft nur die Rücksprache mit dem Arzt oder Ernährungsberater.

„Ich mag leider Kaffee sehr. Schwarztee darf ich ja als Alternative eigentlich auch nicht trinken. Was soll ich tun?"

Von Energydrinks, Colagetränken oder gar Kaffeetabletten kann als Ersatz nur abgeraten werden. Zahlreiche Grüne Tees wirken zwar schwächer, aber dennoch aufputschend wie Kaffee. Sie sind somit am ehesten ein vertretbarer Ersatz.

Getränke

Drinks, Smoothies und Co.

Spinat-Melonen-Zimt-Saft

Zubereitungsdauer: 15 Minuten

Zutaten für 1 Portion:

- ½ Honigmelone
- 250 g junger Blattspinat
- 1 Zimtstange (rund 1 cm)
- Eine Messerspitze Muskat
- Ein paar Eiswürfel

Zubereitung:

1. Melonen mit einem Löffel entkernen. Schale entfernen und Fruchtfleisch grob würfeln.
2. Spinat küchenfertig vorbereiten.
3. Kleine, dünne Streifen mit einem Messer von der Zimtstange abschaben.
4. Spinat ausdrücken. Ein paar Blätter und Stängel als Deko beiseitelegen. Den Rest mitsamt der Melone entsaften.
5. In ein Glas mit Eiswürfeln geben.
6. Ein wenig Muskat darübergeben. Mit Zimt und Deko-Spinat garnieren. Servieren und genießen.

Nährwerte:

82 kcal | 4 g Eiweiß | 0 g Fett | 15 g Kohlenhydrate

Selbstgemachte vegane Pistazienmilch

Zubereitungsdauer: 15 Minuten

Zutaten für 4 Portionen/Gläser:

- 150 g Pistazienkerne (geschält und geröstet)
- 500 ml Wasser
- 1000 ml Wasser
- 4 Datteln
- 1 Messerspitze gemahlene Tonkabohne
- 1 Messerspitze gemahlener Grüntee (idealerweise „Matcha-Teepulver" verwenden)
- 1 EL weißes Mandelmus

Zubereitung:

1. Pistazie 4-5 Stunden im Wasser (500 ml)einweichen lassen. Danach die Pistazien gut abspülen und das Wasser wegschütten.
2. Pistazien mit frischem Wasser (1 Liter) und den Datteln im Mixer pürieren.
3. Pistazienmilch durch ein sehr feines Sieb in einen Topf geben. Tonkabohne, Grünteepulver und Mandelmus zugeben. Gut vermengen und bei mittlerer Flamme erhitzen.
4. Sobald alles gut durchwärmt ist, die Masse auf vier Portionen aufteilen und in Gläser umfüllen.
5. Verschließen und abkühlen lassen.
6. Alternativ: Warm servieren und genießen.

Nährwerte:

382 kcal | 8 g Eiweiß | 24 g Fett | 28 g Kohlenhydrate

Selbstgemachte Melonenkaltschale

Zubereitungsdauer: 15 Minuten

Zutaten für 2 Portionen:

- Eine halbe Wassermelone (rund 700-800 g)
- 4 Zweige Zitronenthymian (küchenfertig vorbereitet)
- 200 ml Gemüsebrühe
- Eine Prise Salz
- Eine Prise Pfeffer
- 3 Frühlingszwiebeln (in feine Ringe geschnitten)
- 1 EL Apfeldicksaft

Zubereitung:

1. Wassermelonenhälfte in Spalten schneiden. Schale entfernen. Entkernen und in mundgerechte Stücke kleinschneiden.
2. Blätter zweier Thymianblätter mitsamt Melone und Gemüsebrühe fein pürieren. Anschließend Salz und Pfeffer zugeben.
3. In einer heißen Pfanne ohne Fett die Frühlingszwiebelringe anrösten.
4. Apfeldicksaft zugeben. Kurz aufkochen. Danach auf Zimmertemperatur abkühlen lassen.
5. Pürierte Melonenmixtur mit Frühlingszwiebeln bestreut und mit übrigem Thymian verfeinert servieren.

Nährwerte:

200 kcal | 4 g Eiweiß | 0 g Fett | 40 g Kohlenhydrate

Kokos-Dattel-Shake mit Banane

Zubereitungsdauer: 10 Minuten

Zutaten für 4 Portionen:

- 150 ml Kokosmilch
- 50 ml Wasser
- 60 g getrocknete Datteln
- 2 EL Ahornsirup
- 1 Prise Zimt
- 1 Banane

Zubereitung:

1. Datteln, sofern noch nicht geschehen, entkernen.
2. Alle Zutaten im Mixer gut mixen.
3. Umgehend servieren oder eine halbe Stunde im Kühlschrank runterkühlen.
4. Genießen.

Nährwerte:

589 kcal | 1 g Eiweiß | 7 g Fett | 19 g Kohlenhydrate

Johannis-Hagebuttentee-Bowle

Zubereitungsdauer: 10 Minuten

Zutaten für 10 Portionen:

- 1,5 Liter Hagebuttentee (abgekühlt)
- 350 ml Johannisbeersaft
- 50 g Honig
- Ein paar frische, rote Johannisbeeren (alternativ: TK-Beeren verwende)
- Eine Zitrone (in dekorative Scheiben geschnitten)
- Optional: Ein paar Apfelstücke

Zubereitung:

1. Tee, Johannisbeersaft und Honig verrühren.
2. Frische (oder TK-)Beeren zugeben.
3. In eine große Karaffe geben und mit Zitronenscheiben garniert servieren. Optional Apfelstücke zugeben.

Nährwerte:

117 kcal | 0 g Eiweiß | 0 g Fett | 8 g Kohlenhydrate

Erdbeer-Apfel-Bowle

Zubereitungsdauer: 15 Minuten+ Ruhezeit

Zutaten für 4 Portionen:

- 800 g Erdbeeren (frisch oder alternativ TK)
- Saft zweier Zitronen
- 700 ml Apfelsaft
- 1 Liter Sprudel
- Ein wenig Zitronenmelisse
- 1-2 TL Rohrrohrzucker
- Optional: Ein paar Eiswürfel

Zubereitung:

1. Erdbeeren in dünne Scheiben schneiden.
2. Mit Zucker bestreuen. Zitronensaft zugeben.
3. Mit der Hälfte des Apfelsaftes aufgießen. Ein paar Melisseblätter zugeben.
4. Gute zwei Stunden ziehen lassen.
5. Restliche Zutaten bzw. den Rest zugeben.
6. Servieren und genießen.

Nährwerte:

694 kcal | 2 g Eiweiß | 1 g Fett | 35 g Kohlenhydrate

Apfelcocktail mit Avocado und Banane

Zubereitungsdauer: 10 Minuten

Zutaten für 1 Portion:

- 160 ml Apfelsaft
- ½ Banane
- 40 g Avocado
- Ein paar Eiswürfel

Zubereitung:

1. Zutaten im Mixer vermengen (außer Eiswürfel).
2. Anschließend in ein Glas geben und mit Eiswürfeln garnieren.
3. Servieren und genießen.

Nährwerte:

627 kcal | 1 g Eiweiß | 6 g Fett | 23 g Kohlenhydrate

Rote Beete-Smoothie mit Avocado und Banane

Zubereitungsdauer: 15 Minuten

Zutaten für 2 Portionen:

- 1 Avocado (nur das Fruchtfleisch, grob zermatscht)
- 2 Bananen (geschält, grob zermatscht)
- 1 Stück Ingwer (fein geschnitten)
- 1 Rote Beete (fein gewürfelt)
- 400 ml Kokoswasser (kühlschrankkalt)
- 1 EL Leinöl
- 1 EL Weizenkeimöl

Zubereitung:

1. Zutaten in einem Mixer mixen.
2. Servieren und genießen.

Nährwerte:

780 kcal | 10 g Eiweiß | 50 g Fett | 74 g Kohlenhydrate

Mandelmussmoothie mit Obst und Kräutern

Zubereitungsdauer: 15 Minuten

Zutaten für 2 Portionen:

- ½ Bund Petersilie
- 2 EL Mandelmus
- 2 EL Zitronensaft
- 300 ml Wasser
- 1 TL Leinöl
- 1 TL Weizenkeimöl

Zubereitung:

1. Obst grob zerkleinern und entkernen.
2. Kräuter waschen.
3. Alle Zutaten im Mixer mixen.
4. Servieren und genießen.

Nährwerte:

667 kcal | 10 g Eiweiß | 34 g Fett | 78 g Kohlenhydrate

Guten-Morgen-Kakao mit Guarana

Zubereitungsdauer: 10 Minuten

Zutaten für 1 Portion:

- 2 TL Kakao (schwach entölt)
- 1 TL Guarana
- 1 Messerspitze Kreuzkümmel
- 1 Messerspitze Muskat
- 1 Messerspitze Koriander
- 150 ml Milch (fettarm)

Zubereitung:

1. Milch in einem Topf leicht erwärmen.
2. Alle Zutaten in den Topf geben. Gut vermengen.
3. Kräftig umrühren, bis sich der Kakao aufgelöst hat.
4. In ein Glas geben und genießen.

Nährwerte:

118 kcal | 8 g Eiweiß | 4 g Fett | 12 g Kohlenhydrate

Kurkuma-Dattel-Shake

Zubereitungsdauer: 10 Minuten

Zutaten für 1 Portion:

- 1 Banane
- 1 EL Kokosöl
- 2 Datteln
- 200 ml Milch
- 50 ml Cashewmilch
- 1 TL Kurkuma
- 1 Messerspitze schwarzer Pfeffer

Zubereitung:

1. Bananen schälen und grob zermatschen.
2. Mit restlichen Zutaten in einem Mixer mixen.
3. Alles in ein Glas geben.
4. Servieren und genießen.

Nährwerte:

300 kcal | 7 g Eiweiß | 12 g Fett | 40 g Kohlenhydrate

Salate

Schmackhafte Ideen für jeden Tag

Birnen-Fenchel-Kresse-Salat

Zubereitungsdauer: 15 Minuten

Zutaten für 2 Portionen:

- 2 Fenchelknolle (küchenfertig vorbereitet)
- 1 Birne (geviertelt und entkernt)
- Saft einer Limette
- 1 Bund Brunnenkresse (küchenfertig vorbereitet und mundgerecht geschnitten)
- 1 TL Sesamöl
- 1 Prise Salz
- 1 Prise Pfeffer

Zubereitung:

1. Birne und Fenchel in dünne Scheiben hobeln. In eine Schüssel geben.
2. Limettensaft in die Schüssel zugeben.
3. Kresse zugeben. Mit Sesamöl beträufeln.
4. Salzen und pfeffern.
5. Servieren und genießen.

Nährwerte:

198 kcal | 10 g Eiweiß | 4 g Fett | 26 g Kohlenhydrate

Oliven-Nudel-Salat mit Erbsen

Zubereitungsdauer: 30 Minuten

Zutaten für 4 Portionen:

- 200 g Schnippelbohnen (in feine Streifen geschnittene Bohnen)
- Wasser (Menge nach Bedarf)
- Eine Prise Salz
- 100 g TK-Erbsen
- 150 g Orechiette-Nudeln („Öhrchen"-Nudeln), oder andere kurze Nudelsorte
- 2 gelbe Zucchini (in Scheiben geschnitten)
- Ein Glas Schwarze Oliven (in Scheiben, rund 30 g)
- 4 Zweige Zitronenthymian (küchenfertig, grob gehackt)
- 5 EL Weißweinessig
- Eine Prise Pfeffer
- 3 EL Olivenöl

Zubereitung:

1. Bohnen in kochendem Wasser (mit einer Prise Salz) zwei Minuten kochen lassen. Erbsen zugeben. Drei weitere Minuten kochen.
2. Erbsen-Bohnen-Mixtur abgießen. Kurz kalt abspülen, abtropfen und beiseitestellen.
3. Zwischenzeitlich die Nudeln nach Packungsanleitung zubereiten.
4. Zucchini zu der Erbsen-Bohnen-Mixtur mengen.
5. Oliven abtropfen lassen und mitsamt der Hälfte des Thymians zugeben.
6. Fertige Nudeln abgießen, kalt abspülen und zum Gemüse zugeben.
7. Essig, Salz, Pfeffer und Restthymian in einer Schüssel vermengen. Olivenöl mit Hilfe eines Schneebesens unterschlagen.
8. Die Sauce aus Schritt 7 zur Gemüse-Nudel-Mixtur geben und 20 Minuten ruhen lassen.
9. Fertigen Salat ggf. noch pfeffern und salzen.
10. Servieren und genießen.

Nährwerte:

1080 kcal | 36 g Eiweiß | 44 g Fett | 12 g Kohlenhydrate

Spinat-Avocadosalat mit Kresse

Zubereitungsdauer: 25 Minuten

Zutaten für 2 Portionen:

- 150 g junger Blattspinat (küchenfertig vorbereitet)
- Saft einer halben Zitrone
- 1 EL Holunderblütensirup
- 1 Prise Salz
- 1 Prise Pfeffer
- 1 EL Keimöl
- 1 kleine Avocado
- 12 Kapuzinerkresseblüten (optional als Garnierung)

Zubereitung:

1. Zitronensaft mit Sirup, Salz, Öl und Pfeffer zu einer Sauce verrühren. Ggf. abschmecken.
2. Avocado schälen, halbieren und entsteinen. Dann das Fruchtfleisch in Spalten schneiden.
3. Avocadostücke mit der Sauce vermengen. Spinat zugeben. Gut vermengen. Salzen und pfeffern.
4. Auf Tellern servieren und mit Kresseblüten garniert servieren.

Nährwerte:

450 kcal | 6 g Eiweiß | 40 g Fett | 12 g Kohlenhydrate

Wassermelonensalat mit Minze und Pistazie

Zubereitungsdauer: 35 Minuten

Zutaten für 4 Portionen:

- Eine Wassermelone
- 6 Datteln
- Saft einer Limette
- 2 EL Agavendicksaft
- 40 g Pistazienkerne (gehackt)
- 4 Stiele Minze (küchenfertig, fein gehackt)

Zubereitung:

1. Wassermelone halbieren.
2. Mit einem Kugelausstecher Kugeln ausstechen.
3. Datteln entkernen. In Stücke schneiden.
4. Datteln, Limettensaft und Agavendicksaft verrühren.
5. Zu den Melonenkugeln mengen.
6. Gute 20 Minuten im Kühlschrank ziehen lassen.
7. Melonenkugeln mit Minze und Pistazie bestreuen.
8. Servieren und genießen.

Nährwerte:

900 kcal | 16 g Eiweiß | 24 g Fett | 154 g Kohlenhydrate

Buchweizen-Tomaten-Bohnen-Salat

Zubereitungsdauer: 50 Minuten + Ruhezeit

Zutaten für 4 Portionen:

- 200 g Buchweizen
- 500 ml Wasser
- 20 Gemüsebrühe (hefefrei)
- 500 g grüne Bohnen (in mundgerechte Stücke geschnitten)
- 500 g Tomaten (in Scheiben)
- 400 g Schalotten (in Scheiben geschnitten)
- 4 EL Öl
- 1 TL Schnittlauch
- 1 TL Basilikum
- 1 TL Bohnenkraut
- Optional: Zusätzliche Gewürze nach Wahl

Zubereitung:

1. Buchweizen mit Wasser und Brühe in einem Topf aufkochen.
2. Zugedeckt über Nacht ruhen lassen.
3. Am nächsten Tag im selben Topf mit dem brühverfeinerten Wasser erneut aufkochen.
4. Bohnen in den Topf geben. 30 Minuten garen. Bohnenkraut und Basilikum ebenso zugeben.
5. Flüssigkeit aus dem Topf abgießen.
6. Topfinhalt in eine Schüssel geben. Tomaten und Schalotten zugeben.
7. Mit restlichen Gewürzen/Kräutern und Öl abschmecken.
8. Eine gute Stunde durchziehen lassen.
9. Servieren und genießen.

Nährwerte:

820 kcal | 13 g Eiweiß | 10 g Fett | 55 g Kohlenhydrate

Karotten-Rosinen-Salat

Zubereitungsdauer: 45 Minuten

Zutaten für 2 Portionen:

- 30 g Kokosraspeln
- 50 g Rosinen
- 250 ml Wasser
- 250 g Karotten (geraspelt)
- 1 EL Öl

Zubereitung:

1. Rosinen und Kokos in einer Schüssel vermengen.
2. Wasser in einem Topf aufkochen.
3. In die Schüssel anschließend zugeben.
4. Zugedeckt 30 Minuten ziehen lassen.
5. Karotten zugeben.
6. Öl untermengen und gut durchmischen.
7. Servieren und genießen.

Nährwerte:

1600 kcal | 4 g Eiweiß | 20 g Fett | 50 g Kohlenhydrate

Chicoréesalat mit Äpfeln und Orangen

Zubereitungsdauer: 15 Minuten + Ruhezeit

Zutaten für 2 Portionen:

- 150 g Chicorée (kleingeschnitten)
- 2 Äpfel (gewürfelt)
- 2 Orangen (in kleine Stückchen geschnitten, ohne Schale)
- Saft zweier Zitronen
- 1 EL Öl
- Optional: Ein wenig Stevia

Zubereitung:

1. Öl und Zitronensaft vermengen.
2. Chicoréeblätter und Mittelstückteile zugeben.
3. Apfel und Orange zugeben.
4. Gut vermengen.
5. Eine gute Stunde ziehen lassen.
6. Ggf. mit Stevia süßen.
7. Servieren und genießen.

Nährwerte:

1260 kcal | 8 g Eiweiß | 8 g Fett | 46 g Kohlenhydrate

Linsen-Kürbis-Salat aus dem Ofen

Zubereitungsdauer: 50 Minuten

Zutaten für 1 Portion:

- 1 Handvoll Radicchio (in Streifen)
- 1 Handvoll Rucola
- 1 Handvoll Feldsalat
- 5 Radieschen (in Scheiben)
- Eine Handvoll Radieschensprossen (küchenfertig vorbereitet)
- 1 Handvoll Weintrauben (rot, halbiert, ohne Kerne)
- ½ Avocado (gewürfelt)
- 1 EL Zitronensaft
- 1 Prise Salz
- 1 Prise Pfeffer
- 40 g Pardinalinsen
- 250 g Kürbis (Sorte: Hokkaido, in Spalten geschnitten)
- 1 EL Petersilie

Dressing:

- 3/2 TL körniger Senf
- 3 TL Ahornsirup
- 3 TL Apfelessig
- Wasser (Menge nach Bedarf)
- Etwas Salz
- Etwas Pfeffer

Zubereitung:

1. Radicchio, Rucola, Feldsalat, Radieschen und Radieschensprossen in eine Schüssel geben. Avocado, Zitronensaft, Salz und Pfeffer in die Schüssel geben. Gut durchmengen.
2. Linsen nach Packungsanleitung zubereiten. Anschließend auskühlen lassen.
3. Zwischenzeitlich Ofen auf 200 Grad vorheizen.
4. Kürbis auf einem mit Backpapier ausgelegtem Blech 30 Minuten weich garen.
5. Währenddessen die Dressingzutaten vermengen und ggf. mit Wasser nachhelfen, falls es zu dick wird.
6. Linsen und Großteil des Dressings in die Schüssel geben. Gut durchmengen.
7. Gegarten Kürbis oben drauf anrichten. Mit restlichen Dressing übergießen.
8. Servieren und genießen.

Nährwerte:

445 kcal | 17 g Eiweiß | 16 g Fett | 56 g Kohlenhydrate

Desserts, Süßspeisen und Co.
  Nachtisch und Neurodermitis müssen sich nicht ausschließen

Einfacher Apfelkompott

Zubereitungsdauer: 25 Minuten

Zutaten für 4 Portionen:

- 800 g Äpfel (säuerliche Sorte, entspricht ca. 4 Äpfeln)
- 50 g Kokosblütenzucker
- 1 Zimtstange
- 3 Körner Piment
- 200 ml Apfelsaft

Zubereitung:

1. Apfel schälen und entkernen.
2. Anschließend den Apfel würfeln.
3. In einem Topf bei mittlerer Hitze den Kokosblütenzucker karamellisieren (er sollte schon hellbraun werden).
4. Piment und Zimt zugeben.
5. Apfelsaft hinzufügen. Unter ständigem Rühren aufkochen, bis der karamellisierte Kokosblütenzucker komplett aufgelöst wurde.
6. Apfelstücke zugeben.
7. 12 Minuten auf niedriger Flamme dünsten. Gelegentlich umrühren.
8. In eine Schüssel geben und abkühlen lassen.

Nährwerte:

800 kcal | 4 g Eiweiß | 0 g Fett | 200 g Kohlenhydrate

Crêpes indischer Art

Zubereitungsdauer: 90 Minuten + Vorbereitungszeit

Zutaten für 4 Portionen:

- 180 g Basmatireis
- 130 g indische Linsen (gespalten)
- Wasser (Menge nach Bedarf)
- ½ TL Rohrzucker
- Etwas Salz
- 750 g Kartoffeln (vorwiegend festkochend)
- 2 Bund Frühlingszwiebeln (kleingeschnitten)
- 4 EL Öl
- 1 EL braune Senfsamen
- 1 TL Koriandersamen
- 1 TL gemahlener Kreuzkümmel
- 1 TL gemahlener Ingwer
- 1 TL gemahlener Kurkuma
- 300 ml Kokosmilch (9% Fett)
- Etwas Pfeffer
- 12 Stiele Koriander
- 150 g Mango-Chutney

Zubereitung:

1. Reis und Linsen jeweils in einer Schüssel mit Wasser über Nacht einweichen.
2. Wasser vom Reis und den Linsen abgießen.
3. Reis und Linsen separat pürieren. Ggf. etwas Wasser zugeben, damit es schön breiig wird.
4. Die Pürees erst anschließend mit Zucker und 2 TL Salz vermengen.
5. Mit Frischhaltefolie zudecken. Über Nacht bei Zimmertemperatur gären lassen.
6. Kartoffeln mit Schale im Topf und Wasser zugedeckt rund 20 Minuten kochen.
7. Kurz abgießen und abkühlen lassen. Pellen, grob würfeln.
8. Senfkörner in einer Pfanne mit 3 EL Öl bei hoher Flamme braten. Aufhören, sobald des zu „knistern" beginnt, was ca. 10-30 Sekunden dauern sollte (sobald das Öl heiß ist).
9. Koriander und Frühlingszwiebeln zugeben. Unter ständigem Rühren auf niedriger Flamme vier Minuten dünsten.
10. Kümmel, Ingwer und Kurkuma, Kartoffel und Kokosmilch zugeben. Salzen und pfeffern. Bei mittlerer Hitze nun zehn Minuten zugedeckt kochen lassen.
11. Kartoffeln ein wenig zermatschen. Das Ganze warmhalten.
12. Den nun fertigen Teig kurz durchrühren. Die Konsistenz sollte recht dünn sein; falls nicht, ggf. noch Wasser zugeben.
13. Pfanne mit restlichem Öl ausstreichen.
14. Rund 4-5 EL Teig zugeben und auf dem Pfannenboden verteilen. Eine Minute je Seite braten. Anschließend gleich auf Teller geben. Vorgang mit restlichem Teig wiederholen.
15. Die Crêpes auf einem Teller und mit einem feuchten Tuch zugedeckt in den Ofen bei 80 Grad geben (zum Warmhalten).
16. Kartoffelfüllung, Koriander und Chutney gemeinsam in Schalen anrichten.
17. Je einen Crêpe mit der Kartoffel-Koriander-Chutney-Masse befüllen.
18. Mit Koriander bestreuen, zusammenfalten und servieren.

Nährwerte:

2360 kcal | 56 g Eiweiß | 68 g Fett | 368 g Kohlenhydrate

Quinoawaffeln mit Hirse

Zubereitungsdauer: 40 Minuten

Zutaten für 4 Portionen:

- 200 g Quinoa (gekocht)
- 400 g Hirse (gemahlen)
- Wasser (Menge nach Bedarf)
- 1 EL Öl (Raps- oder Distelöl empfohlen)
- Belag für die Waffeln (z.B. ein wenig Apfelmus)

Zubereitung:

1. Quinoa nach Packungsanleitung kochen.
2. Hirse mit Quinoa und Wasser zu einem Teig verrühren.
3. Im Waffeleisen auf hoher Einstellung nach Gebrauchsanleitung des Gerätes zubereiten.
4. Selbstgemachte Waffeln servieren und genießen – optional mit Apfelmus belegen.

Nährwerte:

2310 kcal | 17 g Eiweiß | 9 g Fett | 95 g Kohlenhydrate

Muffins auf Quinoabasis

Zubereitungsdauer: 50 Minuten

Zutaten für 6 Portionen:

- 250 g Quinoamehl
- 1 TL Salz
- 1 Packung Weinsteinbackpulver
- 5 g Guarkenmehl
- 2 EL Öl nach Wahl
- 400 ml Sprudel
- Butterschmalz (Menge nach Bedarf)

Zubereitung:

1. Ofen auf 200 Grad vorheizen.
2. Muffinform mit Butterschmalz einfetten.
3. Quinoamehl, Salz, Weinsteinbackpulver und Guarkernmehl in einer Schüssel gut vermengen.
4. Öl und Sprudel zugeben. Zu einem glatten Teig verarbeiten.
5. Muffinform mit Teig füllen.
6. Knapp eine halbe Stunde im Ofen backen.
7. Anschließend 15 Minuten abkühlen lassen.
8. Servieren und genießen.

Nährwerte:

740 kcal | 5 g Eiweiß | 5 g Fett | 177 g Kohlenhydrate

Gebratene Feigen mit Honig

Zubereitungsdauer: 20 Minuten

Zutaten für 4 Portionen:

- 250 g Feigen (geviertelt)
- 1 EL Honig
- 1 EL Wasser
- 1 EL Zitronensaft
- ½ EL Butterschmalz
- 1 TL Rosmarin

Zubereitung:

1. Wasser, Zitronensaft und Honig vermengen.
2. In einer Pfanne das Butterschmalz erhitzen.
3. Rosmarin und Feigen zugeben.
4. Zwei Minuten braten.
5. Honigmixtur zumischen.
6. Unter ständigem Rühren weiterbraten, bis alles leicht karamellisiert und dickflüssig geworden ist.
7. Noch warm servieren und genießen.

Nährwerte:

1320 kcal | 3 g Eiweiß | 32 g Fett | 44 g Kohlenhydrate

Mandel-Haselnuss-Schokolade

Zubereitungsdauer: 15 Minuten + Ruhezeit

Zutaten für 1 Tafel:

- 25 g Haselnüsse (alternativ: Mandeln)
- 15 g Erythrit (gemahlen)
- 40 g Kokosöl
- 15 g Haselnussmehl
- Ein wenig Vanillepulver
- 1 Prise Zimt
- 1 Messerspitze Kakao

Zubereitung:

1. In einer Pfanne die Haselnüsse mit dem Süßungsmittel Erythrit karamellisieren.
2. Restliche Zutaten vermengen und Pfanneninhalt zugeben.
3. Gut rühren, sodass die Masse flüssig wird und in eine Form gegossen werden kann.
4. In die Form umfüllen und über Nacht im Kühlschrank ruhen lassen.
5. Am nächsten Tag (oder bei Belieben) servieren und genießen.

Nährwerte:

618 kcal | 12 g Eiweiß | 66 g Fett | 18 g Kohlenhydrate

Kichererbsensnack mit Kurkuma

Zubereitungsdauer: 30 Minuten

Zutaten für 4 Portionen:

- 1 Dose Kichererbsen
- 1 EL Rapsöl
- 1 TL Kurkuma
- 1 TL Kümmel
- 1 TL Räuchersalz

Zubereitung:

1. Kichererbsen sieben und mit Wasser abspülen. Trocken tupfen.
2. In einer Schüssel Kichererbsen mit restlichen Zutaten vermengen.
3. Bei mittlerer Hitze in einer Pfanne das Ganze zwanzig Minuten rösten. Gelegentlich umrühren.
4. Fertig, sobald die Kichererbsen braun und knusprig geworden sind.
5. Ein wenig abkühlen lassen. Servieren und genießen.

Nährwerte:

420 kcal | 20 g Eiweiß | 16 g Fett | 48 g Kohlenhydrate

Knuspriges Müsli mit Kernen und Amarant

Zubereitungsdauer: 40 Minuten

Zutaten für 5 Portionen:

- 1 Banane
- 3 EL Kokosfett
- 1 EL Honig
- 100 g Haferflocken
- 3 EL Leinsamen
- 3 EL Kürbiskerne
- 3 EL Sonnenblumenkerne
- 3 EL gepuffter Amarant
- 30 g Mandeln (gehackt)
- 1 TL Zimt

Zubereitung:

1. Backofen auf 150 Grad vorheizen.
2. Banane schälen. Mit Kokosfett und Honig in einer Schüssel zermatschen.
3. Restliche Zutaten zugeben. Gut vermengen.
4. Auf ein mit Backpapier ausgelegtes Backblech geben.
5. 30 Minuten backen – alle zehn Minuten dabei umrühren.
6. Fertig, sobald das Müsli goldbraun geworden ist.
7. Abkühlen lassen und servieren.

Nährwerte:

1340 kcal | 50 g Eiweiß | 375 g Fett | 120 g Kohlenhydrate

Bratapfel mit Zimt und Marmelade

Zubereitungsdauer: 10 Minuten

Zutaten für 4 Portionen:

- 4 Äpfel (per Apfelausstecher entkernt)
- 1 TL Zimt
- 2 EL Marmelade
- 2 EL Mandeln (gehackt)

Zubereitung:

1. Backofen auf 180 Grad vorheizen.
2. Zimt, Marmelade und Mandeln in einer Schüssel vermengen.
3. Die Mischung in die Äpfel geben.
4. Äpfel in eine Auflaufform geben.
5. Im Backofen gute zwanzig Minuten backen.
6. Servieren und genießen.

Nährwerte:

600 kcal | 8 g Eiweiß | 12 g Fett | 111 g Kohlenhydrate

Gutes aus der Pfanne

Von Klassikern bis hin zu ungewöhnlichen Ideen

Dattel-Zucchini-Ingwer-Pfannengemüse

Zubereitungsdauer: 70 Minuten

Zutaten für 4 Portionen:

- 1 kg Zucchini (in dicke Scheiben geschnitten)
- 2 Bund Frühlingszwiebeln (in 2 cm große Stücke geschnitten)
- 1 Stück Ingwer (fein gerieben, alternativ: Pulver verwenden)
- 50 g Datteln (entsteint, in feine Streifen geschnitten)
- 3 EL Rapsöl
- Eine Prise Salz
- Eine Prise Pfeffer
- Saft einer Zitrone
- 6 Korianderstiele (küchenfertig vorbereitet)

Zubereitung:

1. Datteln mit Ingwer vermengen.
2. Zucchini portionsweise in einer Teflonpfanne in 1 EL Rapsöl je fünf Minuten braten. Salzen und pfeffern. Anschließend mit der Dattel-Ingwer-Mixtur vermengen.
3. Restliches Rapsöl in der Pfanne erhitze. Darin die Frühlingszwiebeln gute fünf Minuten braten. Salzen und pfeffern, anschließend zu den Zutaten aus Schritt 1 und 2 geben.
4. Zitronensaft über alles darüberträufeln. Gut vermengen. Zugedeckt 30 Minuten die Marinade einwirken lassen.
5. Koriander zugeben. Ggf. nochmals salzen und pfeffern.
6. Servieren und genießen.

Nährwerte:

722 kcal | 16 g Eiweiß | 31 g Fett | 76 g Kohlenhydrate

Kokos-Auberginen-Curry mit Reis

Zubereitungsdauer: 50 Minuten

Zutaten für 4 Portionen:

- 4 TL Koriandersamen
- 1 TL Kreuzkümmelsamen
- 2 Schalotten (fein gewürfelt)
- 1 Stück Ingwer (fein gerieben bzw. gewürfelt)
- 3 Knoblauchzehen (zermahlen)
- 2 grüne Chilischoten (grob gehackt)
- 2 TL Rapsöl
- ½ TL Kurkuma
- 1 EL Tamarindenpaste
- 400 ml Kokosmilch (9% Fett)
- Etwas Salz
- Etwas Pfeffer
- 200 g Basmatireis
- 1 große Aubergine (in dicke Scheiben geschnitten)
- 4 Stiele Thai-Basilikum (küchenfertig, grob gehackt)
- Saft einer Limette

Zubereitung:

1. Backofen auf Grillfunktion vorheizen.
2. Die Samen in einer Pfanne ohne Fett rösten. Anschließend zum Abkühlen beiseitestellen.
3. Nun im Mörser grob zerstoßen.
4. 1 TL Rapsöl in einer Teflonpfanne erhitzen. Schalotten und Knoblauch darin gute drei Minuten dünsten. Chili und Ingwer zugeben, kurz mitdünsten.
5. Koriander, Kreuzkümmel, Tamarindenpaste, Kokosmilch und Kurkuma zugeben. Aufkochen, anschließend bei mittlerer Hitze die entstandene Sauce einkochen lassen. Salzen und pfeffern.
6. Basmatireis zwischenzeitlich nach Packungsanleitung zubereiten.
7. Aubergine portionsweise in einer Grillpfanne goldbraun braten und leicht salzen.
8. Auflaufform mit etwas restlichem Öl einfetten. Auberginen mit der gebratenen Seite nach unten in die Auflaufform geben und gut verteilen. Mit Sauce übergießen.
9. 8-10 Minuten im Ofen mit der Grillfunktion überbacken.
10. Das Fertige aus dem Backofen mit Reis und den restlichen Zutaten verfeinert servieren.

Nährwerte:

1208 kcal | 20 g Eiweiß | 40 g Fett | 180 g Kohlenhydrate

Kartoffeln mit Curryblättern und Kümmel

Zubereitungsdauer: 75 Minuten

Zutaten für 4 Portionen:

- 1 kg Kartoffeln (vorwiegend festkochend)
- Wasser für die Kartoffeln
- 2 TL mildes Currypulver
- 1 TL Chilipulver
- 1 TL Kurkuma
- 1 Prise Salz
- 3 Bund Frühlingszwiebeln (in 1 cm breite Stücke geschnitten)
- 3 EL Öl
- 15 Curryblätter
- 1 Zimtstange
- 1 TL braune Senfsamen
- 1 TL Kreuzkümmel
- Saft einer halben Zitrone
- Eine Prise Pfeffer

Zubereitung:

1. Kartoffeln waschen und mit Schale in einem Topf mit Wasser und etwas Salz garkochen.
2. Abkühlen lassen. Anschließend in Spalten schneiden und Schale entfernen.
3. Mit Currypulver, Chilipulver, Kurkuma und Salz vermengen.
4. Öl in einer Pfanne erhitzen und Kartoffeln auf hoher Flamme 3-4 Minuten unter häufigem Wenden gutanbraten.
5. Hitze runterregeln. Curryblätter, Senfkörner, Zimt und Kümmel zugeben. Eine Minute mitbraten.
6. Frühlingszwiebel unterrühren – weitere fünf Minuten braten. Mit Pfeffer und Zitronensaft verfeinern.
7. Servieren und genießen.

Nährwerte:

1000 kcal | 16 g Eiweiß | 28 g Fett | 152 g Kohlenhydrate

Pasta mit Bohnen, Pesto und Pinienkernen

Zubereitungsdauer: 30 Minuten

Zutaten für 2 Portionen:

- 180 g grüne Bohnen (in mundgerechte Stücke geschnitten)
- 150 g Tagliatelle (möglichst Vollkorn) oder andere langkochende Nudelsorte
- Wasser für die Nudeln
- Eine Prise Salz
- 20 g Parmesan (gerieben)
- 1 EL Olivenöl
- 1 EL Pinienkerne
- 2 EL Pesto
- Ein wenig Pfeffer

Zubereitung:

1. Nudeln nach Packungsanleitung zubereiten.
2. Zehn Minuten vor Ende der Nudelkochzeit die Bohnen zugeben und mitkochen.
3. Pinienkerne mit etwas Öl in einer Pfanne bei niedriger Hitze und ständigem Rühren hellbraun rösten.
4. Nudel-Bohnen-Gemisch abgießen. 1 EL des Kochwassers dabei beiseitestellen.
5. Nudel-Bohnen-Gemisch mit heißem Wasser kurz abspülen und in einer Schüssel abtropfen lassen.
6. Nudel-Bohnen-Gemisch und der eine Esslöffel Kochwasser in die Pfanne zu den Kernen geben. Mit Pesto und Parmesan vermengen. Salzen und pfeffern.
7. Servieren und genießen.

Nährwerte:

910 kcal | 40 g Eiweiß | 38 g Fett | 100 g Kohlenhydrate

Indisches Fischcurry

Zubereitungsdauer: 60 Minuten

Zutaten für 4 Portionen:

- 200 g Langkornreis
- Wasser für den Reis
- Saft einer Limette
- 1 Stück Ingwer
- ½ TL schwarze Senfkörner
- 1 EL ungeschälte Sesamsamen
- 1 TL Koriandersamen
- 600 g Wels (oder eine andere helle Fischfiletsorte)
- 1 weiße Zwiebeln (gewürfelt)
- 4 Tomaten (gewürfelt)
- 2 EL Sesamöl
- 1 EL rote Currypaste
- ½ TL Kurkuma
- 300 ml Kokosmilch
- Ein wenig Salz
- 6 Stiele Koriander (küchenfertig, grob gehackt)

Zubereitung:

1. Reis nach Packungsanleitung zubereiten.
2. Limettensaft, Ingwer, Senfkörner und die Samen vermengen.
3. Fisch küchenfertig vorbereiten und in große Stücke schneiden.
4. Fisch mit der Marinade aus Schritt 2 übergießen. 20 Minuten ziehen lassen.
5. Sesamöl in einer Pfanne erhitzen. Fischfilets aus der Marinade nehmen und kurz trockentopfen. Anschließend salzen und bei mittlerer Hitze gute fünf Minuten in der Pfanne braten. Dabei einmal wenden.
6. Fisch aus der Pfanne nehmen und beiseitestellen.
7. Zwiebeln in der Pfanne kurz anbraten. Currypaste und Kurkuma einrühren.
8. Marinade und Kokosmilch zugeben. Alles aufkochen.
9. Tomaten zugeben. Nun Fisch erneut zugeben. 2-3 Minuten alles gut durchwärmen lassen.
10. Ggf. mit Salz abschmecken.
11. Hälfte des Korianders über den Pfanneninhalt geben.
12. Mitsamt Reis auf Tellern anrichten und servieren. Dabei mit dem restlichen Koriander auch den Reis ein wenig mitbestreuen.

Nährwerte:

2194 kcal | 128 g Eiweiß | 108 g Fett | 176 g Kohlenhydrate

Scampi-Champignon-Tomaten-Spieße

Zubereitungsdauer: 45 Minuten

Zutaten für 1 Portion:

- 150 g Scampi
- 1 EL Zitronensaft
- 1 Prise Meersalz
- 1 Prise Pfeffer
- 1 TL Oregano
- 2 Frühlingszwiebeln (in mundgerechte Stücke geschnitten)
- 100 g Champignons
- 1 große Tomaten
- 1-2 EL Kokosfett
- 4 Spieße

Zubereitung:

1. Scampi küchenfertig vorbereiten (abspülen, trockentupfen) und mit Zitronensaft beträufeln.
2. Salzen, pfeffern und Oregano bestreuen. Zudecken und im Kühlschrank eine halbe Stunde zum Einwirken lassen kaltstellen.
3. Abwechselnd Zwiebelstücke, Tomaten und Scampi auf Spieße stecken. Ggf. salzen und pfeffern.
4. In einer Pfanne das Kokosfett erhitzen.
5. Darin beidseitig die Spieße rund 8-10 Minuten braten.
6. Servieren und genießen.

Nährwerte:

1100 kcal | 30 g Eiweiß | 13 g Fett | 6 g Kohlenhydrate

Wildschweinmedallions mit Quitten und Pilzen

Zubereitungsdauer: 40 Minuten

Zutaten für 2 Portionen:

- 40 g Quitten (geschält, in Streifen)
- Wasser (Menge nach Bedarf)
- 2 Lorbeerblätter
- Ein paar Pfefferkörner
- Ein paar Wacholderbeeren
- 150 g Steinpilze
- 300 g Wildschweinrücken
- 1 große Zwiebel (gewürfelt)
- Salz (Menge nach Bedarf)
- Pfeffer (Menge nach Bedarf)
- 1 EL Öl
- Butterschmalz (sofern nötig)

Zubereitung:

1. Quitten in einem Topf mit Wasser knapp bedecken. Salzen und mit zwei Lorbeerblättern, Pfefferkörner und Wacholderbeeren verfeinern.
2. Gut zwanzig Minuten weichkochen.
3. Mit einem Sieb abgießen. Den entstandenen Sud im Topf beiseitestellen.
4. Pilze halbieren.
5. Fleisch in Metallions schneiden. Salzen und pfeffern.
6. Mit Öl in einer Pfanne das Fleisch beidseitig je drei Minuten anbraten.
7. Anschließend beiseitestellen und warmhalten (z.B. im Ofen bei 50 Grad).
8. Zwiebel und Pilze in die Pfanne geben. Ggf. salzen und würzen. Kurz anbraten und mit dem Sud ablöschen. Anschließend ein wenig einkochen lassen. Ggf. mit Butterschmalz nachhelfen.
9. Fleisch mit der Sauce übergossen servieren.

Nährwerte:

1630 kcal | 64 g Eiweiß | 0 g Fett | 7 g Kohlenhydrate

Geschnetzeltes mit Pilzen und Kartoffeln

Zubereitungsdauer: 40 Minuten

Zutaten für 4 Portionen:

- 800 g Kartoffeln
- Wasser für die Kartoffeln
- 2 Karotten (in Streifen)
- 500 g Schweinefilet (in Streifen geschnitten)
- 250 g Champignons (in Scheiben geschnitten)
- 1 Frühlingszwiebel (in Ringe geschnitten)
- 2 Zwiebeln (fein gehackt)
- 3 EL Öl
- 130 ml Gemüsebrühe (hefefrei)
- Ein wenig Meersalz
- Etwas Pfeffer
- Ein wenig Petersilie (fein geschnitten) zum Garnieren

Zubereitung:

1. Kartoffeln in einem Topf mit Salzwasser garen.
2. In einer Pfanne mit Öl die Zwiebeln andünsten.
3. Fleisch pfeffern. Dann in die Pfanne geben. Gut anbraten. Anschließend beiseitestellen und warmhalten (z.B. bei 50 Grad im Ofen)
4. Nun Pilze und Frühlingszwiebel gut anbraten. Mit Brühe ablöschen.
5. Fleisch zugeben. Abschmecken und ein paar Minuten köcheln.
6. Ggf. nachwürzen und mit Petersilie bestreut mitsamt Salzkartoffeln servieren.

Nährwerte:

6000 kcal | 120 g Eiweiß | 37 g Fett | 142 g Kohlenhydrate

Reis-Gemüse-Pfanne mit Huhn

Zubereitungsdauer: x Minuten

Zutaten für 2 Portionen:

- 130 g Wildreis
- 1 Paprika (in Streifen geschnitten)
- 1 Zucchini (in Scheiben geschnitten)
- 1 EL Kokosfett
- 250 g Hähnchenbrustfilet (in Mundgerechte Stücke geschnitten)
- 1 TL Kurkuma
- 1 Prise Salz
- 1 Prise Pfeffer

Zubereitung:

1. Reis nach Packungsanleitung zubereiten.
2. Fleisch in einer Pfanne mit dem Fett anbraten. Anschließend beiseitestellen.
3. Nun das Gemüse in der Pfanne 4-5 Minuten zubereiten.
4. Den fertigen Reis, das Fleisch und die restlichen Zutaten in die Pfanne geben. Ggf. nochmals abschmecken. Gut vermengen und eine Minute ziehen lassen.
5. Servieren und genießen.

Nährwerte:

920 kcal | 76 g Eiweiß | 26 g Fett | 102 g Kohlenhydrate

Topinambur-Hähnchenbrustfilet mit Schnittlauch

Zubereitungsdauer: 25 Minuten

Zutaten für 2 Portionen:

- 400 g Topinambur (geschält, in Scheiben gehobelt)
- 3 EL Öl (aufgeteilt in 1x2 und 1x1
- 300 g Hähnchenbrustfilet (in zwei Portionen aufgeteilt)
- Eine Prise Salz
- Eine Prise Pfeffer
- 1 TL Paprikapulver (edelsüß)
- Eine Handvoll Schnittlauch (in feine Streifen geschnitten)

Zubereitung:

1. Topinambur mit Öl (2 EL) in einer Pfanne eine Minute scharf anbraten, dann bei mittlerer Hitze weiter zubereiten. Wenden und braten, bis das Ganze goldbraun und innen weich geworden ist.
2. Mit dem restlichen Öl in einer zweiten Pfanne das Fleisch braten. Salzen und pfeffern.
3. Topinambur salzen, pfeffern und mit Paprikapulver verfeinern. Mit dem Fleisch auf Teller geben und Schnittlauch bestreuen.
4. Servieren und genießen.

Nährwerte:

746 kcal | 79 g Eiweiß | 33 g Fett | 98 g Kohlenhydrate

Grillmelone mit Pesto

Zubereitungsdauer: 35 Minuten

Zutaten für 4 Portionen:

- 1 Wassermelone (entkernt, Schale entfernt, Fruchtfleisch in acht Scheiben geschnitten)
- 6 Macadamianüsse (fein gehackt)
- 2 EL Mandelblättchen
- 2 Bund Zitronenmelisse (küchenfertig vorbereitet, grob gehackt)
- Saft einer halben Limette
- 8 EL Ahornsirup

Zubereitung:

1. Mandelblättchen mit Nüssen in einer Teflonpfanne ohne Fett kurz anrösten. Anschließend abkühlen lassen.
2. Zutaten aus Schritt 1 mitsamt der Melisse mit einem Stabmixer gut pürieren.
3. Limettensaft und Ahornsirup zugeben. Gut vermengen.
4. Melonenscheiben in einer Grillpfanne beidseitig kurz angrillen.
5. Wassermelonenstücke mit dem Pesto servieren und genießen.

Nährwerte:

680 kcal | 8 g Eiweiß | 24 g Fett | 96 g Kohlenhydrate

Gerichte aus dem Ofen
Für wohlig-warme Küchenerlebnisse

Fixe Backofenkartoffeln mit Thymian

Zubereitungsdauer: 40 Minuten

Zutaten für 2 Portionen:

- 500 g Kartoffeln, halbiert (möglichst kleine, junge)
- 3/2 EL Rapsöl
- Eine Prise Salz
- Eine Prise Pfeffer
- 5 Thymianzweige (küchenfertig vorbereitet – alternativ: Pulver verwenden)

Zubereitung:

1. Backofen auf 180 Grad vorheizen.
2. Öl mit Salz und Pfeffer in einer Schüssel vermengen. Thymian in einen Finger breite Stücke schneiden.
3. Kartoffelhälften auf der Schnittseite mit der Öl-Salz-Pfeffer-Mischung bestreichen.
4. Mit Schnittfläche nach unten auf ein mit Backpapier ausgelegtes Backblech geben.
5. Eine gute halbe Stunde backen.
6. Servieren und genießen.

Nährwerte:

418 kcal | 8 g Eiweiß | 14 g Fett | 60 g Kohlenhydrate

Süßkartoffeln mit Spinatbeilage und Tahini

Zubereitungsdauer: 35 Minuten

Zutaten für 4 Portionen:

- 4 große Süßkartoffeln
- Wasser für die Kartoffeln
- 600 g junger Spinat
- 1 Messerspitze Muskat
- Parmesan (gerieben, Menge nach Bedarf)
- 2 EL Balsamicoessig
- 4 EL Olivenöl
- 1 Limette
- 1 EL Ahornsirup
- 2 EL Tahini
- 1 EL Sesamöl
- Pfeffer nach Bedarf
- Salz nach Bedarf
- 1 Schuss Sojasauce

Zubereitung:

1. Backofen auf der Grillfunktion vorheizen.
2. Kartoffeln mit Schale und etwas Wasser 20 Minuten vorkochen, bis sie fast gar sind. Anschließend abkühlen lassen.
3. Zwischenzeitlich den Spinat küchenfertig vorbereiten. Einen großen Topf erhitzen und darin den Spinat (noch nass) zugedeckt kurz (1-3 Minuten) zusammenfallen lassen. Anschließend abgießen und abtropfen lassen. Salzen, pfeffern und Muskat zugeben.
4. Essig und Öl mit Pfeffer und Salz zu einem Dressing vermengen.
5. Schale der Limette dünn abreiben und den Saft auspressen.
6. Schale und Saft mit Ahornsirup, Tahini, Sesamöl und Sojasauce vermengen. Ggf. salzen und würzen.
7. Auf ein mit Backpapier ausgelegtes Backblech die nun längs zu halbierenden Kartoffeln mit der Schnitthälfte nach oben geben.
8. Mit der Gewürzmixtur beträufeln.
9. Gute fünf Minuten mit der Grillfunktion zubereiten, bis die Kartoffeln braun werden.
10. Dressing mit dem Spinat vermengen. Parmesan zugeben und mitsamt den Ofensüßkartoffeln servieren.

Nährwerte:

2280 kcal | 54 g Eiweiß | 104 g Fett | 264 g Kohlenhydrate

Schollenfilet mit Spargel

Zubereitungsdauer: 45 Minuten

Zutaten für 4 Portionen:

- 500 g grüner Spargel
- Saft einer Zitrone
- 1 Bund Dill (küchenfertig, fein gehackt)
- 4 Schollenfilets
- Etwas Salz
- Eine Prise Pfeffer
- 2-3 EL Butter
- 150 g Creme fraiche
- 1 EL Milch (3,5%)
- 4 EL Gemüsebrühe

Zubereitung:

1. Backofen auf 180 Grad vorheizen.
2. Spargel waschen, unteres Drittel schälen und holzige Stücke abschneiden.
3. Filets salzen und pfeffern.
4. Ein Backpapier in vier Rechtecke schneiden. Mit Butter (weich!) bestreichen. Rundum einen Rand frei lassen.
5. Je ein Filet in die Mitte legen. Mit Zitronensaft und Spargel beträufeln bzw. belegen. Salzen und pfeffern.
6. Backpapierchen zusammenfalten. Je einen Esslöffel Gemüsebrühe hineingeben.
7. Im Backofen die Backpapierchen auf einem Backblech rund 25 Minuten zubereiten.
8. Zwischenzeitlich Milch und Creme Fraiche glattrühren. Salzen, pfeffern und mit Dill verfeinern.
9. Sauce anschließend über die fertigen Filets in den Backpapierpäckchen geben.
10. Servieren und genießen.

Nährwerte:

1480 kcal | 84 g Eiweiß | 112 g Fett | 28 g Kohlenhydrate

Backbeete mit Sauce

Zubereitungsdauer: 35 Minuten

Zutaten für 4 Portionen:

- 500 g Rote Beete (gekocht, geschält)
- 2 EL Olivenöl
- 1 Apfel (saure Sorte), in Scheiben geschnitten, ohne Schale
- 1 Stück Ingwer (fein gerieben)
- 1 EL Zucker
- 150 ml Gemüsebrühe
- Ein wenig Salz
- Etwas gemahlener Zimt
- 2 Stiele glatte Petersilie (küchenfertig, grob gehackt)
- 1 TL Fleur de sel

Zubereitung:

1. Rote Beete in Scheiben schneiden. Anschließend mit dem Olivenöl vermengen.
2. Ofen auf 200 Grad vorheizen. Ein Backblech mit Backpapier auslegen und darauf die Beete geben.
3. 20 Minuten backen – dabei einmal wenden. Fertig, sobald die Ränder leicht kross geworden sind.
4. Zucker in einem Topf karamellisieren. Brühe, Apfel und Hälfte des Ingwers zugeben. Kurz aufkochen und dann auf niedriger Flamme zehn Minuten zugedeckt köcheln lassen.
5. Sauce im Topf pürieren. Anschließend erneut aufkochen. Restlichen Ingwer, Zimt und Salz zugeben.
6. Beete auf Tellern anrichten. Sauce darübergießen. Mit Fleur de sel und Petersilie garniert servieren.

Nährwerte:

568 kcal | 8 g Eiweiß | 20 g Fett | 84 g Kohlenhydrate

Sesam-Ofenpommes

Zubereitungsdauer: 50 Minuten

Zutaten für 2 Portionen:

- 500 g festkochende Kartoffeln (gestiftelt)
- 2 EL Olivenöl
- 1 TL Kurkuma
- 2 TL ungeschälter Sesam
- Ein wenig grobes Meersalz

Zubereitung:

1. Kartoffeln mit Öl und Kurkuma vermengen.
2. Ofen auf 180 Grad vorheizen.
3. Kartoffelstifte auf ein mit Backpapier ausgelegtes Backblech geben.
4. 3 Minuten backen; dabei zweimal wenden.
5. Sesam in einer Pfanne ohne Fett anrösten.
6. Sesam mit dem Mörser und Meersalz grob zermahlen.
7. Die fertigen Kartoffeln mit dem Sesamsalz beträufeln und genießen.

Nährwerte:

488 kcal | 8 g Eiweiß | 24 g Fett | 54 g Kohlenhydrate

Champignons aus dem Ofen

Zubereitungsdauer: 35 Minuten

Zutaten für 1 Portion:

- 250 g Champignons
- 100 g Zwiebeln (in Scheiben)
- 1 EL Zitronensaft
- Ein wenig Thymian
- Eine Prise Meersalz
- Eine Prise Pfeffer
- 1 EL Öl

Zubereitung:

1. Backofen auf 230 Grad vorheizen.
2. Champignons küchenfertig vorbereiten – ergo putzen und waschen.
3. In eine hitzebeständige Form die Champignons legen und mit restlichen Zutaten bedecken. Gut durchmengen.
4. Darauf achten, dass die Pilze möglichst neben- und nicht übereinander in der Form liegen.
5. 25 Minuten im Ofen backen. Die Pilze sind gut, sobald sie weich geworden sind und ein Großteil der Flüssigkeit aufgesogen wurde.
6. Servieren und genießen.

Nährwerte:

564 kcal | 7 g Eiweiß | 9 g Fett | 8 g Kohlenhydrate

Hackauflauf mit Karotten und Kartoffeln

Zubereitungsdauer: 45 Minuten

Zutaten für 2 Portionen:

- 1 EL Öl
- 1 große Zwiebeln (gewürfelt)
- 100 g Karotten (fein gewürfelt)
- 200 g Rinderhack
- 20 g Maismehl
- 500 ml Rinderbrühe (hefefrei)
- 400 g Kartoffeln (kleingeschnitten)
- Wasser für die Kartoffeln
- 1 EL Butterschmalz
- 1 Prise Meersalz
- 1 Prise weißer Pfeffer
- 2 EL Tomatenmark

Zubereitung:

1. Ofen auf 200 Grad vorheizen.
2. Auflaufform mit Schmalz einfetten.
3. Zwiebeln und Karotten in einer Pfanne mit Öl kurz dünsten, bis beides weich geworden ist.
4. Hackfleisch zugeben. 4-5 Minuten anbraten.
5. Maismehl zugeben und unterrühren.
6. Brühe zugeben. Alles glattrühren.
7. Tomatenmark zugeben und aufkochen.
8. Anschließend auf niedriger Flamme 15 Minuten köcheln lassen. Salzen und pfeffern.
9. In einen Topf mit Wasser die Kartoffeln geben. Zum Kochen bringen, dann 8-10 Minuten auf niedriger Flamme garen.
10. Abgießen und zerstampfen.
11. Butterschmalz und Salz zugeben. Zu einer einheitlichen Masse vermengen.
12. In die Auflaufform zuerst die Hackmixtur, dann die Kartoffelmasse gleichmäßig verteilt geben.
13. Die Oberfläche mit einer Gabel ein wenig aufrauen.
14. 15-20 Minuten im Ofen überbacken.
15. Servieren und genießen.

Nährwerte:

500 kcal | 66 g Eiweiß | 62 g Fett | 89 g Kohlenhydrate

Hühnchen-Gemüse-Auflauf mediterraner Art

Zubereitungsdauer: 60 Minuten + Marinierzeit

Zutaten für 2 Portionen:

- 3 TL Olivenöl und 1 TL Honig
- 2 EL Sojasauce und 1 EL Chilisauce
- ½ Glas Preiselbeeren (ca. 100 g)
- 3 TL Tomatenmark
- Ein wenig Salz
- 1 Kartoffel
- 300 Paprika (rot und gelb gemischt, gewürfelt)
- 100 g Zucchini (gewürfelt
- 1 Zwiebel (in Ringe geschnitten)
- 1 Knoblauchzehe (zermahlen)
- 300 g Hähnchenbrustfilet (in mundgerechte Stücke geschnitten)
- 2 Tomaten (gewürfelt)
- 1 Rosmarinzweig (küchenfertig, ein Teil gehackt, ein Teil als Dekoration)
- 1 Thymianzweig (küchenfertig, gehackt)
- 1 EL Hühnerbrühe
- Rapsöl (Menge nach Bedarf)

Zubereitung:

1. Fleisch mit Olivenöl, Honig, Sojasauce, Chili, Preiselbeeren, Tomatenmark und einer Prise Salz marinieren. Eine gute Stunde einwirken lassen.
2. Ofen zwischenzeitlich auf 200 Grad vorheizen.
3. Knoblauch, Zwiebel und (gehackte) Kräuter mit Öl in einer Pfanne oder im Topf andünsten.
4. Anschließend alles außer Fleisch in eine Auflaufform geben.
5. Salzen, pfeffern und gut vermengen.
6. Fleisch mitsamt Marinade als „Topping" in die Auflaufform geben.
7. Hühnerbrühe übergießen und mit Rosmarinzweig (dem Rest) garnieren.
8. 40 Minuten im Ofen zubereiten.
9. Servieren und genießen.

Nährwerte:

830 kcal | 88 g Eiweiß | 26 g Fett | 50 g Kohlenhydrat

Zucchini-Spargel-Hähnchen-Auflauf

Zubereitungsdauer: 40 Minuten

Zutaten für 2 Portionen:

- 400 g grüner Spargel (gewaschen, Enden abgeschnitten, untere Drittel geschält)
- Wasser (Menge nach Bedarf)
- Etwas Salz
- 2 Zucchini (gestiftelt)
- 1 Zwiebel (in Streifen geschnitten)
- 2 Hähnchenfilets (gesamt: 250 g)
- 2 EL Kokosfett
- 1 Prise Pfeffer
- 100 g Creme Fraiche (fettarme Variante mit rund 15% Fett)
- 1 TL Currypulver
- Eine Handvoll Pinienkerne
- 1 TL Rosmarin

Zubereitung:

1. Spargel in kochendem Salzwasser 7-10 Minuten vorgaren.
2. Abgießen und abtropfen.
3. Backofen auf 200 Grad vorheizen.
4. Fleisch in einer Pfanne mit Kokosfett unter gelegentlichem Wenden 5-6 Minuten braten. Salzen und pfeffern. Aus der Pfanne nehmen und beiseitestellen.
5. Zwiebel in der Pfanne (mit dem dortigen Restfett) andünsten. Zucchini zugeben und kurz anbraten. Salzen, pfeffern und mit Currypulver verfeinern. Aus der Pfanne nehmen und beiseitestellen.
6. Den Bratsatz mit der leichten Creme Fraiche lösen und kurz aufkochen. Salzen und pfeffern.
7. Gemüse und Spargel in einer Auflaufform verteilen und mit Fleisch obendrauf garnieren. Mit der Fett-Creme beträufeln. Mit Pinienkernen drübergestreut abschließen.
8. 20-25 Minuten garen.
9. Fertigen Auflauf mit Rosmarin bestreuen. Servieren und genießen.

Nährwerte:

820 kcal | 82 g Eiweiß | 40 g Fett | 24 g Kohlenhydrate

Weitere Rezeptideen bei Neurodermitis

Sonstige Rezepte

Quinoa-Grundzubereitung

Zubereitungsdauer: 15 Minuten

Zutaten für 4 Portionen:

- 150 g Quinoa
- 600 ml Wasser
- 1 EL Olivenöl
- 1 Prise Salz

Zubereitung:

1. Quinoa mit Wasser abspülen.
2. Wasser zum Kochen bringen. Darin Quinoa (zugedeckt) auf niedriger Flamme 12-15 Minuten kochen.
3. Von der Hitze nehmen. 10 Minuten quellen lassen.
4. Salzen und mit Olivenöl verfeinern.
5. Servieren und genießen.

Nährwerte:

600 kcal | 12 g Eiweiß | 16 g Fett | 100 g Kohlenhydrate

Lauchverfeinerte Apfelbrötchen mit Majoran

Zubereitungsdauer: 30 Minuten

Zutaten für 2 Portionen:

- 300 g Kartoffeln (mehlig kochend)
- Wasser für die Kartoffeln (Menge nach Bedarf)
- 4 Majoranstiele (gehackt, Blättchen separat)
- Das Helle einer Lauchstange (in Streifen geschnitten)
- 1 Apfel (gewürfelt)
- 1 TL Keimöl
- 1 Prise Salz
- 1 Prise Pfeffer
- 2 Scheiben Dinkel-Vollkornbrot

Zubereitung:

1. Kartoffeln mit Schale in kochendem Wasser klassisch 20-30 Minuten zubereiten.
2. In einer Pfanne das Öl erhitzen. Lauch darin (zugedeckt) auf niedriger Flamme 5-7 Minuten dünsten.
3. Apfel und Majoran zugeben. Eine gute Minute mitdünsten. Salzen und pfeffern.
4. Kartoffeln abgießen und mit kaltem Wasser abschrecken. Schälen und (noch warm) mit einer Kartoffelpresse zu Stampf/Püree weiterverarbeiten. In eine Schüssel geben.
5. Gemüsemixtur zu den Kartoffeln geben. Gut vermengen.
6. Kartoffel-Gemüse-Aufstrich auf zwei Brote geben. Mit Majoranblättchen garnieren und genießen.

Nährwerte:

460 kcal | 12 g Eiweiß | 4 g Fett | 88 g Kohlenhydrate

Mango-Spinat-Gemüsemischung mit Amarant

Zubereitungsdauer: 40 Minuten

Zutaten für 4 Portionen:

- 700-800 g Blattspinat (küchenfertig vorbereitet)
- 2 Bund Frühlingszwiebeln (in grobe Stücke geschnitten)
- 2 Mangos (gewürfelt)
- 2 EL Keimöl
- 1 Stück Ingwer (rund 30 g)
- 2 EL Sonnenblumenkerne
- 20 g Amarant-Pops
- Eine Prise Salz
- Eine Prise Cayennepfeffer

Zubereitung:

1. Die Hälfte des Öls in einem Topf erhitzen. Frühlingszwiebeln bei mittlerer Hitze (zugedeckt) darin gute fünf Minuten dünsten. Spinat zugeben. Weitere fünf Minuten das Ganze dünsten lassen.
2. Ingwer schälen und reiben. Den entstehenden Ingwersaft ebenfalls auffangen und beiseitestellen.
3. Mango, Ingwerpulver und –Saft in den Topf geben. Zugedeckt auf mittlerer Flamme drei Minuten erhitzen.
4. Restliches Öl in einer Teflonpfanne erhitzen. Darin die Sonnenblumenkerne auf niedriger Flamme 3-5 Minuten anrösten.
5. Amarant-Pops in die Pfanne geben. Kurz durchwärmen lassen.
6. Die Mixtur im Topf salzen. Auf einen Teller geben. Mit dem Pfanneninhalt beträufeln und pfeffern.
7. Servieren und genießen.

Nährwerte:

960 kcal | 32 g Eiweiß | 40 g Fett | 110 g Kohlenhydrate

Pasta mit Zucchini und Pilzen

Zubereitungsdauer: 40 Minuten

Zutaten für 4 Portionen:

- 2 Zucchini (in Scheiben geschnitten)
- 1 Aubergine (in Scheiben geschnitten)
- 200 g Kräuterseitlinge (in dünne Scheiben geschnitten)
- 20 g Parmesan (fein gerieben)
- 1 Knoblauchzehe (zermahlen)
- 1 Bund Petersilie (küchenfertig vorbereitet und fein gehackt)
- 4 Minzstiele (küchenfertig vorbereitet und fein gehackt)
- 400 g Muschelnudeln (oder andere, kurze Nudelsorte)
- Wasser für die Nudeln
- Eine Prise Salz
- 2 EL Rapsöl
- 1 TL Oregano
- Eine Prise Pfeffer
- 2 EL Olivenöl

Zubereitung:

1. Nudeln nach Packungsanleitung zubereiten.
2. Rapsöl in einer Teflonpfanne erhitzen. Darin Zucchini, Auberginen und die Pilze bei hoher Flamme 2-3 Minuten braten.
3. Knoblauch, Oregano, Salz und Pfeffer zugeben. Auf kleiner Flamme 3-5 Minuten unter ständigem Rühren garen. Kräuter zugeben.
4. Nudeln abgießen. 100 ml abgegossenes Nudelwasser zum Gemüse in der Pfanne geben. Ein wenig einkochen lassen.
5. Nudeln und Gemüsemixtur mitsamt Olivenöl in einer Schüssel vermengen.
6. Mit Parmesan bestreuen, ggf. salzen und würzen.
7. Servieren und genießen.

Nährwerte:

2000 kcal | 80 g Eiweiß | 54 g Fett | 300 g Kohlenhydrate

Reisporridge mit Mango

Zubereitungsdauer: 70 Minuten

Zutaten für 4 Portionen:

- 180 g Vollkornreis
- 40 g getrocknete Mango
- 2 EL Bananenchips
- 500 ml Wasser
- 450 Milch (fettarm)
- 2 Stiele Zitronenmelisse (küchenfertig vorbereitet)
- 1 EL Ahornsirup
- 1 Messerspitze Kardamom
- 1 TL Zimt
- 1 EL Kokoschips

Zubereitung:

1. Wasser aufkochen. Reis zugeben. Nochmals aufkochen und zugedeckt auf niedriger Flamme 50 Minuten köcheln lassen, bis alles vollständig aufgesogen wurde.
2. Getrocknete Mango ggf. kleinschneiden.
3. Bananenchips hacken.
4. Milch in einem Topf mitsamt dem Reis zum Kochen bringen. Unter ständigem Rühren anschließend fünf Minuten cremig kochen.
5. Mango, Ahornsirup, Zimt und Kardamom zum Reis geben. Drei Minuten köcheln.
6. Reis in Schalen geben und mit den restlichen Zutaten garnieren.

Nährwerte:

1100 kcal | 28 g Eiweiß | 16 g Fett | 196 g Kohlenhydrate

Toast mit Mango und Kokos

Zubereitungsdauer: 10 Minuten

Zutaten für 1 Portion:

- ½ Mango (in Scheiben geschnitten, ohne Schale)
- 2 Scheiben Vollkorntoast
- 2 TL Margarine
- 1 gestr. EL Kokosraspeln

Zubereitung:

1. Brotscheiben toasten. Abkühlen lassen und mit lauwarmer Margarine bestreichen.
2. Mango aufs Brot geben.
3. Mit Kokosraspeln bestreuen.
4. Servieren und genießen.

Nährwerte:

344 kcal | 6 g Eiweiß | 16 g Fett | 43 g Kohlenhydrate

Grütze mit Pute und Joghurt

Zubereitungsdauer: 15 Minuten

Zutaten für 2 Portionen:

- Eine Prise Salz
- 130 g Buchweizengrütze (mittelfein)
- 2 Bund Frühlingszwiebeln (in Ringe geschnitten)
- 2 Putenschnitzel (in Streifen geschnitten)
- 1 EL Olivenöl
- 50 g Frankfurter Kräuter (selbstgemacht zu gleichen Teilen Borretsch, Kerbel, Sauerampfer, Pimpinelle, Schnittlauch, Petersilie und Kresse vermengen)
- Eine Prise Pfeffer
- 150 g fettarmer Joghurt
- 500 ml Wasser

Zubereitung:

1. 500 ml Wasser aufkochen. Leicht salzen. Buchweizengrütze sieben und abspülen. Kurz abtropfen lassen, dann in das Wasser geben. Unter ständigem Rühren erneut aufkochen.
2. Dann zugedeckt auf niedriger Flamme 5-7 Minuten quellen lassen. Gelegentlich umrühren.
3. Frühlingszwiebeln zu der Grütze geben. Weiter fünf Minuten (zugedeckt) köcheln.
4. Putenbruststücke mit Öl in einer Pfanne beidseitig je 3-4 Minuten goldbraun braten.
5. Frankfurter Kräuter küchenfertig vorbereiten. 2/3 davon in die Grütze geben. Salzen und pfeffern.
6. Joghurt in einer Schüssel glattrühren.
7. Grütze mitsamt Putenstücke auf Teller geben. Restliche Kräuter darübergeben. Joghurt danebengeben und servieren.

Nährwerte:

1070 kcal | 92 g Eiweiß | 22 g Fett | 120 g Kohlenhydrate

Nudeln mit Zucchinisauce

Zubereitungsdauer: 25 Minuten

Zutaten für 4 Portionen:

- 400 g Bandnudeln (Vollkorn)
- Ein wenig Salz
- 2 Zucchini (spiralisiert oder sehr fein gestiftelt)
- 2 EL Olivenöl
- Ein wenig Pfeffer
- 50 ml Gemüsebrühe
- Eine Handvoll Kräuter nach Wahl
- 20 g Parmesan (gerieben)
- Wasser für die Nudeln

Zubereitung:

1. Nudeln mit Wasser (gesalzen) nach Packungsanleitung zubereiten.
2. Zucchini in einer Pfanne mit Öl bei mittlerer Flamme andünsten.
3. Pfeffern, Brühe angießen. Drei weitere Minuten ziehen lassen.
4. Kräuter – sofern noch nicht geschehen – küchenfertig vorbereiten.
5. Nudeln abgießen. Mit Zucchini in einer Schüssel vermengen. Restliche Zutaten zugeben. Gut vermengen.
6. Servieren und genießen.

Nährwerte:

1592 kcal | 64 g Eiweiß | 36 g Fett | 224 g Kohlenhydrate

Popcorn a la Amarant

Zubereitungsdauer: 20 Minuten

Zutaten für 1 Portion:

- 3 EL Amarantkörner
- Optional: zu Müsli beimischen

Zubereitung:

1. Amarant in einem vorgeheizten Topf ohne Öl zugedeckt zubereiten.
2. Dabei darauf achten, dass die Hitze nicht zu groß ist. Am besten einen durchsichtigen Topfdeckel verwenden. So kann noch reagiert werden, falls die Körner anbrennen.
3. Fertig, sobald die Körner nach den Auspuffern fast gänzlich weich geworden sind.
4. Einzeln als Snack oder als Müslibestandteil servieren und genießen.

Nährwerte:

282 kcal | 1 g Eiweiß | 2 g Fett | 12 g Kohlenhydrate

Schnelle Polenta

Zubereitungsdauer: 25 Minuten

Zutaten für 2 Portionen:

- 500 ml Wasser
- 150 g Maisgrieß
- Optional: 1 TL Stevia
- Optional: TK-Obst (Menge nach Bedarf)

Zubereitung:

1. Wasser im Topf zum Kochen bringen.
2. Maisgrieß unter ständigem Rühren zugeben.
3. Gute 15 Minuten ausquellen lassen. Gelegentlich umrühren.
4. Ein wenig TK-Obst und/oder Stevia (optional) zugeben.
5. Servieren und genießen.

Nährwerte:

1088 kcal | 7 g Eiweiß | 1 g Fett | 56 g Kohlenhydrate

Avocadobrotaufstrich mit Zwiebeln

Zubereitungsdauer: 10 Minuten

Zutaten für 2 Portionen:

- 150 g Avocado
- 60 g rohe Zwiebeln
- Eine Prise Salz
- 1 EL Zitronensaft
- Vollkornbrot (zum Belegen)

Zubereitung:

1. Fleisch aus der Avocado herauspulen.
2. Mit einer Gabel das Fleisch zerdrücken.
3. Zitronensaft darübergeben. Mit Salz beträufeln.
4. Zwiebeln sehr fein würfeln und zumengen.
5. Aufs Brot geben und genießen.

Nährwerte:

481 kcal | 2 g Eiweiß | 11 g Fett | 3 g Kohlenhydrate

Salatgurkensuppe mit Kartoffeln

Zubereitungsdauer: 35 Minuten

Zutaten für 4 Portionen:

- 5 EL Olivenöl
- 2 große Zwiebeln (fein gewürfelt)
- 600 g Kartoffeln (geschält, gewürfelt)
- 800 ml Wasser
- Ein wenig Pfeffer
- 1 TL Basilikum
- 1 TL Thymian
- 1 TL Petersilie
- 2 Salatgurken (entkernt, geschält, gewürfelt)

Zubereitung:

1. Öl im Topf erhitzen.
2. Zwiebeln im Topf anschwitzen.
3. Kartoffel mit Kräutern in den Topf zugeben. Mit Wasser auffüllen.
4. Gute fünf Minuten kochen.
5. Gurkenstücke in den Topf geben. Kochen, bis es schön bissfest geworden ist.
6. Ungefähr ein Viertel des Topfinhaltes herausschöpfen und beiseitestellen.
7. Restlichen Topfinhalt mit einem Stabmixer vorsichtig mixen.
8. Abgeschöpfte Gemüseteile pfeffern und wieder zur pürierten Restsuppe geben.
9. Ggf. mit Wasser die Suppe verdünnen und servieren.

Nährwerte:

3400 kcal | 20 g Eiweiß | 31 g Fett | 112 g Kohlenhydrate

Kichererbsen mit Reis und Hähnchen aus dem Topf

Zubereitungsdauer: 35 Minuten

Zutaten für 4 Portionen:

- 250 g Hähnchenbrustfilet (mundgerecht kleingeschnitten)
- 1 Dose Kichererbsen (abgespült, abgetropft)
- 800 g Brokkoli (in Röschen)
- 250 g Reis (Vollkorn)
- 1 EL Currypaste (milde Sorte)
- 400 ml Kokosmilch (ungesüßt)
- 1 Zwiebel (gewürfelt)
- 1 Knoblauchzehe (zermahlen)
- 1 Prise Salz
- 2 EL Rapsöl
- 300 ml Wasser

Zubereitung:

1. Reis nach Packungsanleitung kochen.
2. Öl im Topf erhitzen und darin das Fleisch anbraten.
3. Anschließend Fleisch beiseitestellen.
4. Zwiebel und Knoblauch nun im Topf glasig dünsten.
5. Curry zugeben. Kurz anschwitzen.
6. Ablöschen mit Kokosmilch und Wasser. Salzen.
7. Brokkoli zugeben. Einmal aufkochen. Danach fünf Minuten köcheln.
8. Kichererbsen und Fleisch zugeben. Gut vermengen und einige Minuten ziehen lassen.
9. Abschließend ggf. abschmecken und mit Reis servieren.

Nährwerte:

2480 kcal | 118 g Eiweiß | 122 g Fett | 243 g Kohlenhydrate

Bildquellen/Druckinformationen:
Bildercover: canva.com
@ Fresh vegetables von Photo Images
ISBN: 9789463983860
Bookmundo, ein Service von Mybestseller B.V.
Delfestraat 33 | 3013AE Rotterdam
Astrid Olsson
Vertreten durch: Christina Sorg c/o Papyrus Autoren-Club
R.O.M. Logicware GmbH
Pettenkoferstraße 16-18
10247 Berlin

FSC
www.fsc.org
MIX
Papier | Fördert
gute Waldnutzung
FSC® C083411

Zeitfracht Medien GmbH
Ferdinand-Jühlke-Straße 7
99095 Erfurt, Deutschland
produktsicherheit@kolibri360.de